ज़िंदगी – हर रंग में

जो कहा, जो अनकहा

लेखक

Dr. तृप्ति शर्मा

Dr. कृतिका राज शर्मा

प्रस्तावना

ज़िंदगी–हर रंग में, जैसा कि शीर्षक स्वयं कहता है, जीवन के उन तमाम रंगों का एक विनम्र संकलन है, जिन्हें हम जीते तो हैं, पर हर बार शब्दों में ढाल नहीं पाते। यह पुस्तक उन भावनाओं, एहसासों और अनुभवों की अभिव्यक्ति है जो कभी खुले रूप में कहे जाते हैं, और कभी दिल के किसी कोने में चुपचाप रह जाते हैं–"जो कहा, जो अनकहा"।

जीवन का हर चरण अपने साथ एक नई कहानी, एक नई अनुभूति लेकर आता है–कभी खुशी की उजली धूप, कभी ग़म की गहरी छाया, कभी उम्मीद की किरण, तो कभी निराशा की खामोशी। इन कविताओं में इन्हीं बदलते रंगों को सहेजने का प्रयास किया गया है। प्रेम, विरह, उम्मीद, संघर्ष, अकेलापन, संतोष, और आत्ममंथन–हर भावना को एक सच्चाई के साथ उकेरा गया है।

यह संग्रह किसी एक व्यक्ति की कहानी नहीं, बल्कि हर उस दिल की आवाज़ है जिसने कभी कुछ महसूस किया है। कहीं ये पंक्तियाँ आपको आपकी अपनी कहानी का अक्स दिखाएँगी, तो कहीं आपको उन भावनाओं से रूबरू कराएँगी जिन्हें आपने शायद कभी शब्द नहीं दिए।

इस पुस्तक के माध्यम से एक छोटा सा प्रयास है–जीवन को उसके हर रंग में स्वीकारने और महसूस करने का। क्योंकि ज़िंदगी सिर्फ

वही नहीं जो हम जीते हैं, बल्कि वो भी है जो हम महसूस करते हैं, और कई बार... जो हम कह नहीं पाते।

आशा है कि यह काव्य-संग्रह आपके दिल को छुएगा और आपको अपने भीतर झांकने का एक अवसर देगा।

डॉ. तृप्ति शर्मा
डॉ. कृतिका राज शर्मा

विषय सूची

समर्पण

उन सभी के नाम,
जो स्वयं की तलाश में हैं,
जो भीड़ में रहकर भी अपने भीतर की खामोशी को सुनना चाहते हैं,
जो अपनी आत्मा से जुड़ने की एक सच्ची कोशिश में हैं।

उनके लिए,
जो अपने दिल की आवाज़ को पहचानना चाहते हैं,
जो अनकहे जज़्बातों को शब्द देना चाहते हैं,
और जो अपने भीतर छिपे सच को स्वीकारने का साहस रखते हैं।

उन सभी आत्माओं को समर्पित,
जो हर दिन समाज की बनाई हुई बंदिशों और बेड़ियों से लड़ते हैं,
जो अपने सपनों को जीने के लिए हिम्मत जुटाते हैं,
और जो अपनी रूह को आज़ाद करना चाहते हैं।

यह पुस्तक उन सभी के लिए है,
जो खुद से मिलना चाहते हैं...
और एक दिन,
पूरी तरह खुद बन जाना चाहते हैं।

लेखक परिचय

डॉ. तृप्ति शर्मा एवं डॉ. कृतिका राज शर्मा

दो संवेदनशील रचनाकार, जिनकी लेखनी जीवन के विविध अनुभवों और गहरे भावनात्मक पक्षों को सहजता से शब्दों में पिरोने का प्रयास करती है।

डॉ. तृप्ति शर्मा

Chandigarh University में *Assistant Director, Engineering* के पद पर कार्यरत डॉ. तृप्ति शर्मा एक प्रख्यात शिक्षाविद्, प्रशासक एवं प्रेरणादायक व्यक्तित्व हैं। कोर इंजीनियरिंग के विभिन्न आयामों में उनके नेतृत्व, शैक्षणिक दृष्टि और नवाचार के प्रति समर्पण ने उन्हें एक विशिष्ट पहचान प्रदान की है। विद्यार्थियों के सर्वांगीण विकास, अनुसंधान एवं उत्कृष्टता के प्रति उनका दृष्टिकोण उनकी कार्यशैली में स्पष्ट रूप से झलकता है। लेखन उनके लिए आत्म-अभिव्यक्ति का एक माध्यम है, जिसके द्वारा वे जीवन के अनुभवों, संवेदनाओं और विचारों को शब्दों में रूपांतरित करती हैं।

डॉ. कृतिका राज शर्मा

Chandigarh University के इलेक्ट्रॉनिक्स एवं कम्युनिकेशन इंजीनियरिंग (ECE) विभाग में *Associate Professor* के रूप में कार्यरत डॉ. कृतिका राज शर्मा एक संवेदनशील लेखिका एवं समर्पित शिक्षाविद् हैं। उनकी लेखनी में भावनाओं की गहराई, रिश्तों की जटिलता और जीवन के सूक्ष्म पहलुओं की सुंदर अभिव्यक्ति देखने को मिलती है। वे मानवीय भावनाओं को सरल, प्रभावी और हृदयस्पर्शी शब्दों में प्रस्तुत करने की अद्भुत क्षमता रखती हैं। उनके लिए लेखन एक आत्मिक यात्रा है, जो उन्हें अपने भीतर झांकने और पाठकों से जुड़ने का अवसर प्रदान करती है।

लेखन इन दोनों रचनाकारों के लिए केवल शब्दों का संयोजन नहीं, बल्कि आत्मसंवाद और अनुभूतियों की सजीव अभिव्यक्ति है। *"ज़िंदगी – हर रंग में: जो कहा, जो अनकहा"* इसी भावनात्मक और आत्मिक यात्रा का एक सशक्त प्रतिबिंब है, जिसमें जीवन के हर

रंग–खुशी, पीड़ा, प्रेम, विरह, संघर्ष और आत्ममंथन–को संवेदनशीलता के साथ उकेरा गया है।

इनका मानना है कि हर व्यक्ति के भीतर एक अनकही कहानी होती है–बस आवश्यकता होती है उसे सुनने, समझने और शब्दों में व्यक्त करने की।

उद्धरण

ज़िंदगी – हर रंग में

जो कहा, जो अनकहा

✦✦✦

कुछ रंग हमने जिए,
कुछ बस महसूस किए,
कुछ लम्हों में ढल गए,
और कुछ दिल में ही रह गए।

जो कहा, वो शब्द बनकर बह गया,
जो अनकहा था, वही सबसे गहरा रह गया।

ज़िंदगी हर मोड़ पर कुछ सिखाती रही,
कभी हँसाकर, कभी रुलाकर हमें अपनाती रही।

ये सफर सिर्फ सांसों का नहीं,
ये सफर एहसासों का है–
जहाँ हर धड़कन एक कहानी है,
और हर खामोशी... एक अनकही ज़ुबानी है।

लेखक

डॉ. तृप्ति शर्मा

डॉ. कृतिका राज शर्मा

Phase 1: निष्कलुष प्रेम (Innocent Love & First Feelings)

“जहाँ दिल पहली बार धड़कनों को सुनता है...”

कुछ एहसास होते हैं
जो उम्र नहीं पूछते–बस आ जाते हैं,
जैसे किसी अनजाने चेहरे में
अपना सा कोई मिल जाता है।
यहाँ इश्क़ सवाल नहीं करता,
बस महसूस होता है–
मासूम, बेपरवाह...
और शायद सबसे सच्चा।

मन की अठखेलियाँ

नाज़ुक मन की अठखेलियाँ–
क्यों कदम जा रहे हैं गहराइयों में?
ज़िंदगी को और समझने की कोशिश क्यों कर रहा है मन,
हम तो खुश हैं इसकी पहेलियों में।

जो मिल रहा है सलीके से, उतना ही मिलाप ठीक है,
क्यों बनाए हमदर्द किसी को–
दर्द को दरवाज़े से लौटाना ही ठीक है।
पहचान क्यों बढ़ानी है ज़्यादा,
अजनबी की तरह जाना ही ठीक है,
पहले दे देते हैं भेद दिल के,
फिर परखते हैं हमराज़ को–
इससे तो राज़ ज़ुबान पर न लाना ही ठीक है।

नादानी जब तक बनी रहे ,
खुशियाँ आती हैं हर पहर|
ज़रा सी समझ आने लगे ,

खो जाती है हँसी जाने किधर|
क्यों इतनी संजीदगी का ख़ुमार ,
रिश्तों पे छाने देना |
क्यों भावनाओं में खुद को ,बहने देना |
क्या कसूर निकालोगे किसी का,
मुझरिम हैं हम खुद ही के,

खुद पर हैं ,खुद ही के पहरे।

✦✦✦

डॉ. कृतिका राज शर्मा

एक छोटी सी लव स्टोरी

एक लड़का झल्ला सा, सीढ़ियों से चढ़ता हुआ
अचानक ही टकरा गया मुझसे
पलकों पर भार लिए इक टक देखता ही रह गया
कुछ कहना चाहता था शायद तो मुझसे
पर इतनी बेफिक्र थी मैं, इसलिए वो चुपचाप रह गया
नाम मेरा पूँछकर, बताना चाहता था अपना वो मुझे
पर मुलाकात ही कुछ ऐसी थी
कि नजरों से पेहले हाथों ने हाथों को छुआ
अरे हाँ, इश्क तो शायद हमारा वहीँ शुरु हुआ !!
आज भी वो गर्मी की ज़र्द दोपहर याद है
हाथ मिलाते ही तेरा वो नजर चुराना याद है
तेरी सादमी भा गई थी मन को
कुछ दूर साथ चलें, ये आवाज आ गई थी मुझको
हसते-हँसाते, रूठते मनाते न जाने कब वो हमकदम बन गया
कल अक्स सा चलता था जो, वो आज मेरा आइना बन गया

✦✦✦

डॉ. तृप्ति शर्मा

तुम ही हो, बस तुम ही तो हो

जब तुम कोई गीत गाते हो,
मुझे देखकर मुस्कुराते हो,
इश्क़ तुम ही से हो जाता है।

जब भी रूठकर मुझे अनदेखा कर जाते हो,
मुझसे ज़्यादा खुद पर ही गुस्साते हो,
बस, इश्क़ तुम ही से हो जाता है।

मेरी तारीफ़ किए बगैर
आँखों से जो थोड़ा मुस्कुराते हो,
फिर इश्क़ तुम ही से हो जाता है।

अपनी बातों में जब तुम
मेरी पसंद और नापसंद बताते हो,
हाँ, इश्क़ तुम ही से हो जाता है।

जब कभी अनसुना करके मेरी बात को
फिर तुम फिक्र अपनी जताते हो,
बस, इश्क़ तुम ही से हो जाता है।

तुम कहते हो कि इश्क़ है मुझसे,
तुम्हारी इस बात से ही मुझे
हाँ, इश्क़ तुम ही से हो जाता है।

✦✦✦

डॉ. तृप्ति शर्मा

तू ही तो है

तेरा मिलना यूँ ही ज़िंदगी की राहों में,
बन जाना हमक़दम बस चंद मुलाक़ातों में।
देखते ही तू अपना-सा लगने लगा,
जैसे सच कोई मेरा सपना-सा लगने लगा।

खनक तेरी बातों की, चमक तेरी आँखों की,
हर लफ़्ज़ तेरा अब अच्छा-सा लगने लगा।
तेरे बिना अब दिन अधूरा-सा लगने लगा,
हर शाम तुझसे मिलने का बहाना-सा लगने लगा।

तेरा इंतज़ार एक इम्तिहान-सा लगने लगा,
तुझसे इज़हार ही अब इत्मीनान-सा लगने लगा।
ना जाने ये कैसा रिश्ता बन गया है तुझसे,
एक बस तू ही सबसे ज़्यादा अपना-सा लगने लगा।

तेरे होने से ज़िंदगी का हर रंग निखरने लगा,
मेरा वजूद तुझसे ही सँवरने लगा।
अब तू ही दुआ है, तू ही सुकून है,
तेरे नाम से ही मेरा दिल धड़कने लगा।

हाँ, तू ही तो है

जिसके होने से सब पूरा सा लगने लगा,

✦✦✦

डॉ. तृप्ति शर्मा

तुम कर पाओगे क्या

हर वक्त तुम्हें ही सुनना चाहती हूँ
तुम मेरी आवाज़ बन पाओगे क्या?

बहुत कुछ कहना चाहती हूँ तुमसे
बिन कहे तुम समझ पाओगे क्या?

तेरा एहसास मेरी रूह तक बहता है
तुम इसे महसूस कर पाओगे क्या?

हर साँस तक बस तुम्हें ही सोचना चाहती हूँ
तुम भी इस तरह मेरे बन जाओगे क्या?

ज़िंदगी लिपटी है दो अल्फाज़ों में; इक तुम और इक मैं
साथ मिलकर एक होना चाहोगे क्या?

बोलो न तुम कर पाओगे क्या !!!!

✦✦✦

डॉ. तृप्ति शर्मा

तू नाराज़ न हुआ कर

तू नाराज़ न हुआ कर हमसे,

तेरी नाराज़गी पर भी प्यार आता है |

जितना तू रुठता है हमसे ,

उतना ही दिल , तेरी ओर चला आता है |

फिरती हुई , तेरी नज़र ,

दिल की राहों से होकर गुज़रती है |

धड़कन में नाम तेरा ,

और नज़र तुझपर ही आकर ठहरती है |

कभी -कभी लफ्ज़ ज़ुबान का साथ नहीं देते ,

कभी एहसासों को अल्फ़ाज़ नहीं मिलते |

फिर भी समझ जाते हो तुम मेरे हर इशारे को ,

हर किसी को ऐसे हमराज़ नहीं मिलते |

तेरा होना ही मेरी जायदाद है,

इसे बख्शूंगी हर हिफाज़त |

ज़िंदा रहेंगे हम हर पल ,

तेरे ही लिए ,ये इश्क़ है ,मेरी इबादत।

✦✦✦

डॉ. कृतिका राज शर्मा

कशमकश

कोई इतना अपना कब से हुआ,
कि इश्क़ का वास्ता रब से हुआ।

दुआओं में ज़िक्र उनका, दिल में फ़िक्र होने लगी,
मस्त सी ज़िंदगी अब गहराइयों में खोने लगी।

हम अपने ही नए रूप से मिले,
छाँव से निकले, अब धूप से मिले।

ऐसा लगा पहली बार कोई खाता खुला हो,
ज़िंदगी में अचानक कोई मुनाफ़ा मिला हो।

अब छुपाने की कला सीखने लगे,
रूबरू ग़ैरों से ,और अपनों से आँखें मींचने लगे।

ये मंजर अच्छा है या बुरा,
तराज़ू मिला नहीं कोई ,

जो बदलते एहसासों को तौल पाए,
बहुत कशमकश थी, ...हम आधी ही बोल पाए।

✦✦✦

डॉ. कृतिका राज शर्मा

Phase 2: गहराता रिश्ता (Growing Love & Emotional Bonding)

"जहाँ इश्क़ आदत बन जाता है..."

धीरे-धीरे इश्क़
लफ़्ज़ों से निकलकर
रोज़मर्रा की बातों में बसने लगता है।
अब इंतज़ार भी सुकून देता है,
और साथ... ज़रूरत बन जाता है।
यही वो दौर है–
जहाँ "तुम" से "हम" होने की शुरुआत होती है।

प्यारवाली चाय

प्यारवाली चाय, नोकझोंक के चूल्हे पर धीमी आँच पर पके,
थोड़ी-सी तकरार की भाप हो, थोड़ी मनुहार की छनक भी रहे।
कभी रूठने की उबाल आए, कभी हँसी की फुहार गिरे,
बातों की चम्मच घुमे तो दिल के कोने-कोने सिमटकर मिले।
अदरक-सी तेरी तीखी बातें, शक्कर-सी मेरी मान-मनुहार,
दोनों मिल जाएँ जब एक कप में, बन जाए रिश्ता बेइंतहार।
नोकझोंक की आँच ज़रूरी है, वरना स्वाद अधूरा रह जाए,
इश्क़ की चाय वही कमाल, जो तकरार में भी प्यार जता जाए।

✦✦✦

डॉ. तृप्ति शर्मा

बस तू होना चाहिए

तो क्या जो तू मेरा पहली नज़र का प्यार नहीं है, पर
आख़िरी दीदार तो तेरा ही होना चाहिए।
फिर क्या जो तू मेरी हर हँसी का साझेदार नहीं है, पर
आँखों की चमक तो तुझसे ही होनी चाहिए।

हर लम्हे में तेरा ज़िक्र ना सही, पर ज़िंदगी भर साथ तो
तेरा ही होना चाहिए।
हाथ पकड़कर बेशक ना चल सकें हमेशा, पर तेरी छुअन का
एहसास तो रूह तक ज़रूर होना चाहिए।

ना मिले अल्फ़ाज़ों में तेरा नाम बार-बार, पर दिल की हर
धड़कन में तेरा ही नशा होना चाहिए।
तू ना भी हो लफ़्ज़ों में रोज़ बयान, मगर हर ख़ामोशी में
तेरा ही असर होना चाहिए।

वक़्त बदले, हालात बदलें, हम बदल जाएं, पर मोहब्बत में
तेरा नाम कभी न बदलना चाहिए।
जैसे चाँद ख़ुद न सही पास, पर रोशनी उसी की हो, वैसे ही
हर ख़ुशी में एक झलक तेरी होनी चाहिए।

तू सामने हो या ना हो हरदम, पर तेरी ख़ुशबू मेरी साँसों में
घुली सी होनी चाहिए।

हाँ, इश्क़ है तुमसे – सिर्फ़ तुमसे, लबों पे ये बात हो या ना हो, दिल में एहसास यही होना चाहिए।

✦✦✦

डॉ. तृप्ति शर्मा

मोहब्बत की हसरत

मोहब्बत में हसरत नहीं होती ,
कुछ पाने की |
मोहब्बत तो जुस्तजू है ,
सब लुटाने की ||
बहे जो आंसू तेरी आँखों से ,
दिल मेरा क्यों रोता है |
छू कर जो जाए गम तुझको ,
दर्द हमको भी होता है |
तेरा पास होना कोई ज़रूरी नहीं |
नज़रों से दूर कोई दूरी नहीं ||
एक चाह थी तुझे पाने की ,
वो भी दफन हो जाएगी सीने में ,
जो हो तेरी मंज़ूरी नहीं |
मेरी मोहब्बत ,मौहताज नहीं,

तेरे इकरार की |

ये मौत भी ,अंजाम नहीं तेरे इंकार की |

बेखौफ रहना मेरी मोहब्बत से मेरे यार ,

खुदगर्ज़ी हकीक़त नहीं मेरे प्यार की |

✦✦✦

डॉ. कृतिका राज शर्मा

मैं साथ तुम्हारे हूँ

जी ऊब जाता है, रोज़ एक ही पकवान खाकर।

पर प्याली चाय की ,रोज़, अपनी वाली ही पी जाती है |

कमज़ोर कंधे लगें जब, और बोझ उनपे भारी ,

"मैं साथ तुम्हारे हूँ" सुनते ही,लौट आती है हिम्मत सारी।

बेचैन मन को ,एक ही थपकी सुला पाती है |

जीवन की चौकीदारी में ,उनके पास आते ही झपकी आती है|

किस्मत पर ताले अपने आप लगे, पर एक ही चाबी खोल पाती है |

बदलती तो रोज़ है दुनिया, पर वो रोज़ एक जैसी ही नज़र आती है |

वो मेरी महक को अपने बदन में संजोये बैठी है ,

बुरे हालातों में ,वो जगमग सी ओढ़नी बन जाती है |

ख़ामोशी की भाषा मेरी ,उसे हर बार समझ आ जाती है |

मेरी बेबसी में भी वो मुझे हसीं दे जाती है |

मैं किस दायरे में बाँधु उसे, वो दायरों को मेरे और ज़मीन दे जाती है |

जहां से भी समझना शुरू करूँ, वो और मुश्किल समझना हो जाती है |

यूँ तो मैं ही मैं हूँ हर जगह ,मेरे नाम से मेरी पुश्तें पहचानी जाती हैं |

पर मुझमें जो वो बसी है ,वो मेरी पहचान से क्यों पहचानी जाती है ,

वो सम्पूर्ण खुद में ,वो रोज़ अपनी राह बनाती है |

वो तरंग है ,रोशनी है ,आग है..................

वो असीमित है, फिर भी एक घर की सीमा में ,

ज़िन्दगी भर बिना बदलाव के जी जाती है |

✦✦✦

डॉ. कृतिका राज शर्मा

इश्क़ में सहारा

जब इश्क़ एक याद बन जाए,

जब एहसास ख्यालों में ही सिमट जाएँ |

जब फासलों से हौसले हार जाएं ,

जब मेहबूब को पैगाम दोस्त लेकर जाएँ |

तब गुलाब निकाल लेना ,वो जो निशानी था ,

मोहब्बत के हसीं पलों की |

वो जो पन्नो में कैद है |

वो मुर्झा चूका है |

उसे उस मिटटी में दबा देना जहाँ जीवन देने की क्षमता हो

जहाँ सिंचाई हो ,जहाँ हवा की ताज़गी हो |

जहाँ तक पहुंचे किरणे ,सूरज की तपिश हो ,

जहाँ चाँद अंधेरों को रोशन करे, जहा भँवरे गूंजा करें |

जहाँ फिर खिलने की उम्मीद हो , महकने का हो वादा |

जहाँ ठहरे फिर आके नज़रें ,रंगों की बहार हो |

फिर यौवन आये फिर श्रृंगार हो |

कर न पाए वो नज़र ,फिर वहां से किनारा |

यही गुज़ारिश है तुमसे मेरे मेहबूब ,

लुफ़्त हो रही हो जब मोहब्बत देना........बस इतना सा सहारा |

✦✦✦

डॉ. कृतिका राज शर्मा

हमकदम बन पाओगे

तुमने कहा – "ये मर्यादा है,
इन्हीं में रहो, यही सलीका है।"
मैंने मुस्कुराकर पूछा तुमसे,
कैसा ये तुम्हारा तरीका है.....

मैं चाहूँ एक नया सितारा,
कुछ ख्वाब बुनूं, कुछ रंग रचूं,
तुम हाथ पकड़ो, साथ चलो,
ना कि दीवारें मेरे चारों ओर रचो।

मैं चाहती हूँ तुम मेरा सहारा बनो,
ना केवल प्रहरी, मेरा किनारा बनो।
बन जाओ वो हवा जो परों में उड़ान भरती है,
जो हर डर को पीछे करती है।

मर्यादा हो, पर मोहब्बत से,

सीमा हो, पर संभावना के संग।

न हो डर की कोई दीवार,

हो साथ तुम्हारा, विश्वास के रंग।

मुझे बाँधो नहीं, मुझे थामो,

जब डगमगाऊँ, मुझे सम्भालो।

जब आगे बढ़ूँ, तो पीछे से

तुम अपनी ताक़त से मुझे ढालो।

सीमाओं का क्या है –

वो हर रोज़ बनती-बिखरती हैं।

पर जब तुम साथ होते हो,

तो सारी मुश्किलें संवरती हैं।

तो चलो, आज वादा करो,

सीमा नहीं, मेरा साहस बनोगे।

हर मोड़ पे, हर राह में

तुम मेरे हमक़दम बनोगे।

✦✦✦

डॉ. कृतिका राज शर्मा

Phase 3: दरारें और दूरी (Conflicts, Ego & Silence)

"जहाँ खामोशियाँ बोलने लगती हैं..."

हर रिश्ता एक मोड़ से गुजरता है,
जहाँ शब्द कम और खामोशियाँ ज़्यादा होती हैं।
सवाल होते हैं–पर पूछे नहीं जाते,
जवाब होते हैं–पर सुने नहीं जाते।
यहीं कहीं इश्क़
अपने सबसे कठिन इम्तिहान से गुजरता है...

बोलती खामोशियाँ

चुप तुम हो, चुप हम भी हैं
मौन के इस मौसम के मिज़ाज ही कुछ ऐसे हैं
अल्फाज़ लबों से नहीं, नज़रों से बयां होते हैं
साथ होकर भी तुम हमसे, हम तुमसे जुदा होते हैं

क्या? कुछ बदल गया हमारे बीच
खोए से तुम, ग़म से हम होते हैं
कुछ तो ज़रूर ख़ास है, ये सारी बातें आम नहीं
क्यों मेरी तन्हाई से तुम्हें आती कोई झंकार नहीं

चुभ जाएँ तुम्हें काँटों सी, ऐसी तो धड़कनों में मेरी धार नहीं
लफ़्ज़ आज भी ज़िंदा हैं, पर आती उनसे कोई आवाज़ नहीं
खामोश हो तुम, आहट तो मुझमें भी नहीं
चुपचाप बह रही ज़िंदगी, साज़ छेड़े तो अब इसमें कोई

बस इतना समझ लो सनम.....

तुम मेरी ज़िद नहीं जो पूरी हो
तुम मेरी धड़कन हो, जो ज़रूरी है!!

✦✦✦

डॉ. तृप्ति शर्मा

सिमटे हुए रिश्ते

तुम नाम के इस रिश्ते में सिमटते रहे...
और हम तुममें हमसाया तलाशते रहे...

हमकदम बनने का एहसास
वक़्त के साथ फीका सा होता रहा,
कदम तो चार थे हमारे,
पर चार कदम साथ न चले...

इसी कशमकश में ना जाने कब
ज़िंदगी के हसीन लम्हे फिसलते रहे,
ना तुम उन्हें जी पाए, ना हम कभी महसूस कर पाए...

अल्फ़ाज़ों में ज़िक्र तो था दोनों का,
पर एहसास हमेशा अधूरे ही रहे,
तुम लफ़्ज़ों में सिमटते रहे,
हम ख़ामोशियों में बिखरते रहे...

रिश्ते तो साथ थे, मगर रूहें तन्हा रहीं,
तुम फ़र्ज़ निभाते रहे,
हम मोहब्बत को तरसते रहे...

अब उम्र के इस पड़ाव पर
किसे दोष दें, किसे सही कहें–
शिकायत भी है, और एक चुप सा स्वीकार भी...

वो चार पल जो खुशियों के थे,
ना तुमने पिरोए...ना हमने सिए...

जो होना था हमकदम बनकर,
वो बस एक ख़याल बनकर रह गया,
और जो अधूरा था...
वही हमारी कहानी का सच बन गया...

✦✦✦

डॉ. तृप्ति शर्मा

गुरूर, खामोशी और इकरार

तुम गुरूर बनते हमारा,
हम गुरूर बनते तुम्हारा।
फक्र से, इतराकर,
मिलवाते एक-दूसरे को इस जहान से।

गुमान हम करते अपनी पसंद पर,
तुम भी करते तारीफ़ हमारी हर पल।
ज़िंदगी हसीन लम्हों सी गुजर जाती,
कोई शिकन माथे पर कभी न आती।

बस इतना सा ख्वाब लेकर मिले थे हम तुमसे,
भरोसा था कि तुम भी चाहोगे यही हमसे।
फिर भी, अक्सर खामोशी में छुपा रहा सवाल,
क्या तुम्हारे भी एहसासों का कुछ ऐसा ही है हाल?

तुम्हारी आँखों में कहीं हँसी, कहीं इंतजार,
हमारी नज़रें चुपचाप ढूँढती रहीं तुम्हारे एहसास।
एक-एक लम्हा, एक-एक मुस्कान,
हमने महसूस किया, पर कह न सके।

दिल में बसे जज़्बातों की भीड़,
कभी हमसे अधिक, कभी तुमसे कम।
फिर भी, हर पल वही प्यार, वही गुरूर,
जो बनता रहा हमारे बीच का सुर।

और जब दूरियाँ आईं, खामोशी बढ़ी,
हमने जाना–कुछ बातें अनकही सही,
पर वही अनकही बातें हमें तुम तक बाँधे रहीं।

हर गुरूर में, हर मुस्कान में,
हर खामोशी में, हर जज़्बात में,
हमने तुम्हें पाया–
हमारा सपना, हमारा दीदार,
हमारा प्यार, हमारा इकरार।

हर पल, हर लम्हा, हर बार,
हमेशा तुम, सिर्फ तुम, हमारा संसार।

✦✦✦

डॉ. तृप्ति शर्मा

ज़िद का सरूर

हमें वो मिले थे बिखरे हुए,
हम उन्हें समेटने की ज़िद में आ गए,
क्या जुनून था–फुर्सत से पूछा ही नहीं कभी उनसे,
वो चाहते भी थे सिमटना
या हमारी ज़िद में ,यूँही हमारे साथ आ गए |

कमी सी रह जाती है ,
जब एकतरफ़ा इश्क़ हो जाता है,
दिल बिताना चाहता है हर लम्हा जिनके संग,
वो साथ होकर भी दूर नज़र आता है।

एक दिल डूब जाने को तैयार है,
दूसरा किनारे पे ही रहना चाहता है,
इश्क़ की मस्ती में क्या झूमे वो आशिक,
जो आशिकी में अकेला पड़ जाता है।
बस दिल पर चलता नहीं,
दोनों ही तरफ़ समझौते होने लगते हैं,
एक हटने लगता है पीछे,

एक बेबसी से आगे बढ़ता है।

क़रीब जितना भी आ जाएँ,
कसक अधूरी रह जाती है।
क़रीब जितना भी आ जाएँ,
कसक अधूरी रह जाती है,
रूह के हिस्से दूरी ,और जिस्मों की,
रिश्तेदारी रह जाती है।

✦✦✦

डॉ. कृतिका राज शर्मा

लौट आओ

इतना गुरूर इश्क़ में अच्छा नहीं,
कि महबूब को अकड़ आपकी अखरने लगे,
आशिकी में झुकना तो इबादत है रब की,
रब के आगे भला कौन सी क़यामत न झुके।

आप नाराज़गी का क़द कितना और बढ़ाएँगे,
आप बसे हो जिस दिल में उसे कितना और तड़पाएँगे,
किस इंतज़ार में अभी आप थोड़ा और फ़ासला बढ़ाएँगे,
मेरे किस हद तक टूट जाने से आप लौटना चाहेंगे।

अगर कह दूँ कि अब,
आप जैसी इतराने की अदा मुझमें भी आने लगी है,
जिस ख़ुमारी से रूठ जाते हो आप,
वो मुझमें भी समाने लगी है।

नाराज़गी ने क़द मेरे अंदर भी बहुत बढ़ा लिया है,
अब ज़िद आपकी मुझे भी बहकाने लगी है,
फ़ासलों में जाने की सोच अब मुझमें भी आने लगी है।

दिल कठोर होने लगा है अब मेरा भी,
आँसू मुझे भी अब पिघला पाते नहीं,

जो दीवार हटाती रही मैं बरसों से हमारे दरमियाँ,
वो मेरी इजाज़त से और बढ़ जाने लगी है।
लौट आओ–
पहले कहती रही तुमसे, अब कह रही हूँ खुद से।

✦✦✦

डॉ. कृतिका राज शर्मा

ख़ामोशी है कातिल

हर बार की तरह इस बार भी तेरी खामोशी ,

मेरी उम्मीदों को खामोश कर गई |

हर कोई सोया है मेरे भीतर, मेरे ख्वाब, मेरी खुशी, मेरी जुस्तजू

बस मुझे नींद नही आ रही |

कभी सांसों का शोर सुनाई देता है ,

कभी पलकों की झपक से बेसकूं हो जाती हूं |

मैं चिल्ला रही हूं,

दिल के विरानी में सोच कर, की वो सुन रहा है,

जो इस दिल का बादशाह है,

बेखबर नहीं जानती हूं,

की ये दिल, अब खाली हो चुका है ,

यहां यादों के मकबरे हैं |

जिसमे कोई रूह कैद नही है।

बस दुआ करना, वो कर न दूं,

जो करने के ख्याल आ रहे है |

इन ख्यालों को आज़ाद कर रही हूं, ताकि,

इन्हे मेरे इरादों की पनाह न मिले |

क्योंकि अगर ऐसा हुआ तो,

मेरा मेहबूब बेनकाब हो जाएगा |

महफिल में, अपने और गैर दोनो ही मौजूद हैं |

जो हमे एक दूसरे का यार समझते हैं ,

समझ जायेंगे की फासलों के दरम्यान,

मोहब्बत दम तोड चुकी है |

जिस्मानी रिश्तों की किसे परवाह है ,

जब रूहों ने दूरियां कबूल कर ली हैं |

हर रात की सुबह तो होती है ,

पर हर सोया हुआ जाग पाएगा या नहीं,

कहा नही जा सकता |

अभी चार पहर बाकी हैं ,

पलकों की कोशिश है, की इन्हे भी आराम मिले |

पर न जाने इनकी आरज़ू को,

खुदा की रहमत ,मिल पाएगी या नहीं।

✦✦✦

डॉ. कृतिका राज शर्मा

Phase 4: आत्ममंथन और पुनर्जन्म

(Breakdown → Reflection → Healing)

"जहाँ इंसान खुद से मिलता है..."

जब सब बिखर जाता है,
तब एक अजीब सी खामोशी जन्म लेती है–
जो धीरे-धीरे
हमें खुद तक ले जाती है।
टूटना अंत नहीं होता,
कई बार वही शुरुआत होता है–
एक नए "मैं" की।

मैं ही सवाल, मैं ही जवाब

कुछ सुकून भरे लम्हे हमें भी मिल जाते तो अच्छा होता,
हम भी कभी अपने अंदर का शोर सुन पाते तो अच्छा
होता।

वो बाहरी सन्नाटे डराते हैं बहुत,
चीख-चीख कर अपनी तरफ बुलाते हैं बहुत।

तकलीफ़ देता है नज़रअंदाज़ कर देना हर आवाज़ को,
पर कैसे ख़ामोश करें ज़ेहन में गूंजती चीत्कार को।

ख़याल है कि बंद कर दें अब अपने ही कानों को,
शायद वहीं से कोई रास्ता मिले सन्नाटों की दास्तानों को।

जो बाहर सुनाई देता है वो दुनिया का अफ़साना है,
असली सच तो अंदर बैठा ख़ामोश सा दीवाना है।

अगर ठहर कर सुन लूँ मैं अपने ही मन की आवाज़,
तो शायद दिख जाए मुझे अपना ही कोई अंदाज़।
जहाँ सवाल भी मैं हूँ, जवाब भी मैं ही हूँ,
जहाँ तलाश भी मेरी है और किताब भी मैं ही हूँ।

✦✦✦

डॉ. तृप्ति शर्मा

सवाल करते लम्हे

उलझनें ऐसी कि मन भी उलझा सा है, हर एक लम्हा एक सदी-सा है।
सांसें तो चल रही हैं मगर बेज़ार सी, हर ख़ुशी अब अधूरी इज़हार सी।

रास्ते हैं मगर मंज़िल नहीं मिलती, हर मोड़ पर कोई पहचान सी छूटती।
रिश्तों की भीड़ में तन्हा खड़ा हूँ, ज़िन्दगी से शायद कुछ ज़्यादा ही बड़ा हूँ।

चाहतें थीं जो रोशन सितारों सी, अब बुझती शमाओं सी लगती हैं।
आँखों में नींद है, मगर ख्वाब नहीं, दिल में दर्द है, मगर कोई जवाब नहीं।

क्यों थम नहीं जाता ये बेचैनियों का सैलाब, हर सुकून के पीछे छुपा है कोई हिसाब।
दिल चाहता है चुप रहना कुछ पल, मगर खामोशियों में भी मचता है कोलाहल।

सोचा था वक़्त मरहम होगा हर ज़ख़्म का, पर यहाँ तो लम्हे भी सवाल करते हैं हर दम का।

नींद की पनाह में भी चैन नहीं मिलता, ख्वाबों का दरिया भी अब सुनसान सा दिखता।

शायद दिल ने ही खुद से बगावत कर ली है, या उम्मीदों ने फिर कोई साज़िश रच ली है।
थक गए हैं रास्ते भी मेरा साथ देते देते, अब तो साया भी दूर जाने की बात करता है।

फिर भी इस दिल को यक़ीं है कहीं, कि ये हालात सदा रहेंगे नहीं।
उलझनों में ही खुद को पाना होगा, हर अंधेरे से रौशनी को लाना होगा।

✦✦✦

डॉ. तृप्ति शर्मा

बिखरते जज़्बात – एक नई शुरुआत

कुछ टूटता सा है रोज़ इस दिल के अंदर,
टीस उठती है बनकर जज़्बातों का समंदर।
अब और कितना सहें ये ज़ुल्मों-सितम,
हर मोड़ पर है दर्द का कोई नया सनम।

चाहता हूँ तोड़ दूँ ज़ंजीरों को सब,
बहुत हो लिया सब्र का ये मखौल अब।
अल्फ़ाज़ों से तो बयाँ करते नहीं बनता,
दिल में भी इस दर्द को रखते नहीं बनता।

अश्र हैं कि दरिया से बह चले हैं कहीं,
इनको भी तो किसी किनारे का सहारा नहीं मिलता।
उठता है तूफ़ान, पूछता है रूह से निरंतर,
कर दें दफ़न इस दर्द को या हो जाएँ ख़ुद दफ़न।

बहुत हो लिया वक़्त से आँखमिचौली का सफ़र,
थम जा अब तो – कुछ पल ख़ुशियों से रूबरू कर।
बिखरती रूह के अक्स को अब तो दिखाएं आईने,
शुरू करें नया सफर, ज़िंदगी के नए मायने।

हर दरार को बना लें एक नई कहानी,
हर आहट में ढूँढें कोई मीठी रवानी।
बिखरना अगर सच है तो समेटना भी होगा,
अंधेरों के बाद इक नया सवेरा भी तो होगा।

✦✦✦

डॉ. तृप्ति शर्मा

क्यों न हम

इस आधी बीती ज़िंदगी को फिर से नया बनायें
चलो एक पन्ना ज़िंदगी का फिर से जीकर आयें

वो इश्क से परे, चलो अजनबी बन जायें
फिर धीरे-धीरे अपनी बेतकल्लुफ़ी बढ़ायें

तुम तैयार होकर मिलना, कुछ संवर हम भी जायें
क्यों न कुछ नए अंदाज़ में जान-पहचान बनायें

उन सर्द सुबहों में तुम कुल्हड़ वाली चाय बन जाओ
हाथों में जकड़ के बेधड़क तुम्हें लबों से लगायें

चलो फिर से अपने इश्क के कुछ नए पन्ने लिखे जायें

तुम वही, हम वही, ज़िंदगी भी वही, बस, यह इश्क थोड़ा और दिलचस्प बनाया जाये!!!

चलो एक पन्ना ज़िंदगी का फिर से जीकर आयें

✦✦✦

डॉ. तृप्ति शर्मा

गुफ़्तगू की तजवीज़

हम मुंतज़िर थे गुफ्तगू के , हमने लम्हा एक ख़ास सजा रखा था |

आज रूबरू हो जाएं हम फिर से मेहबूब की ख्वाइशों से ,

कुछ साझा करें ,अनकही सी चाहतों को ,जो दबी सी रह न गई हो उनके भीतर ,

वक़्त की क्रूरता ने, जिनसे, ले लिया हो अभिव्यक्ति का हक़ |

जो भारी इतनी हो की कभी सतह से ऊपर आ ही न आ पायी हों |

जो अनदेखी सी रह गयी हो ,जो मसरूफियत के भाव में बह गई हों |

आज आने देंगे हर जस्बात को हमारे दर्मियाँ,

आज जीना चाहते हैं वो अधूरी यादें जो मेरी मोहब्बत को मुकमल होने नहीं देती |

हम एक अरसे से इश्क़ में हैं और आशिकी आज भी शौक से करते हैं

हमारा मेहबूब रेहमत है खुदा की ,हम आज भी उन्ही पे मरते हैं |

लो ख़तम हुआ इंतज़ार, वो पल आ ही गया ,

हमारे एक ही सवाल ने ,महौल बना ही दिया |

लभों पे ठहरे हुए हैं अभी शब्द ,

शायद इंतज़ार हैं उन्हें हमारे एक और बार पूछने का ,

जैसे कह रहे हों क्या ज़रुरत है ,

कुरेदने की गुज़रे हुए वक़्त को ,

अगर बिगड़ गया कोइ ज़ख्म पुराना ,

तो मरहम कहाँ से लाएंगे |

उनकी इसी अदा ने मेरा और जूनून बढ़ा दिया ,

आज जानके ही रहेंगे ,हर वो राज़ जो उनकी , समझदारी ने था ,दफना दिया |

आज मेरी इश्क़ से गुज़ारिश है ,मेरे मेहबूब को उसका बचपना लौटा दे |

देखा है उसे समझौतों में घुटते हुए कई बार ,आज उसे थोड़ा बोलना सीखा दे |

वाकिफ हैं हम, की रिमझिम सी बारिश के बौछारों के आदि हैं हम ,

हमसे समुद्री तूफ़ानो को संभाला न जाये शायद |

पर हम तैयार हैं ,लहरों की मस्ती के लिए |

आज चाँद बनके एक लहर का जी मचलाना हैं |

वो भी जान जाएं अपनी उछाल का कद,

बस उसे फिर उड़ना याद दिलाना है |

✦✦✦

डॉ. कृतिका राज शर्मा

ठहराव के उस पार

थम गई है वक़्त की रफ़्तार,
घड़ियों ने भी मान ली है हार,
कुछ बदल गया है शायद अब–
आते भी नहीं हैं सपने बार-बार।

दूर हो गई रौशनी भी मुझसे,
फैला है चारों तरफ़ अँधेरा अपार,
ख़ामोशी की चादर ओढ़े ये पल,
जैसे रुक गया हो हर एहसास का कोलाहल।

क्या इशारे कर रहे हैं ये सब मुझसे,
क्या कोई नया पन्ना है खुलने वाला,
या ज़िंदगी की किताब में अब
कोई अधूरा सा किस्सा है ढलने वाला?

शायद ये ठहराव अंत नहीं है,
किसी नई शुरुआत की आहट है,
अँधेरा जितना गहरा होता है,
उतनी ही पास सुबह की राहत है...

पर कहीं किसी कोने में अब भी,
एक हल्की सी लौ जलती होगी,
वक़्त चाहे ठहर सा जाए भले,
ज़िंदगी फिर भी चलती होगी।

✦✦✦

डॉ. तृप्ति शर्मा

Phase 5: जीवन का बोध और परिपक्वता (Maturity & Self-Realization)

"जहाँ जीवन समझ आने लगता है..."

सफर लंबा था–
इश्क़, दर्द, सवाल और खामोशियों से भरा।
अब समझ आता है–
हर रिश्ता, हर अनुभव
हमें खुद तक लाने का एक जरिया था।
यही वो मुकाम है–
जहाँ ज़िंदगी सिर्फ जी नहीं जाती...
महसूस भी की जाती है।

उड़ान की क़ीमत

जितनी ऊँचाइयाँ छूते जाओगे,
उतना ही खुद को दलदल में फँसा पाओगे।
चमकोगे जब सूरज की तरह तेज़,
अंदर कहीं स्याह अंधेरा और गहरा पाओगे।

भीड़ तालियाँ बजाएगी तेरी रौशनी पर,
पर तेरी थकान कोई न समझ पाएगा।
हर मुस्कान के पीछे की चुप्पी,
तेरे अपने भी शायद न पढ़ पाएँगे।

जितना भीड़ में आगे बढ़ते जाओगे,
उतना ही अकेलेपन में खुद को घिरा पाओगे।
हर चेहरा जाना-पहचाना लगेगा,
पर सच्चा अपनापन कहीं खोता सा लगेगा।

तू चलेगा शोहरत के उन सूने रास्तों पर,
जहाँ हर मोड़ पर तन्हाई तेरा इंतज़ार करेगी।
लोग तेरा नाम पुकारेंगे ऊँचे मंचों से,
मगर नज़रें चुराकर आगे बढ़ जाएँगे।

फिर भी ये समझ ले तू–
थक कर· रुक जाना तेरी फ़ितरत नहीं है,
अकेले रास्तों से डर जाना तेरी आदत नहीं है।
तू रख विश्वास अपने इरादों पर,
तुझसे मुँह मोड़ ले, इस दुनिया में इतनी हिम्मत नहीं है।

कभी वक़्त निकाल, अपने साए से बात करना,
वो तुझे तेरा सच्चा अक्स दिखाएगा।
झुककर कभी देखना उन जड़ों की ओर भी,
जिन्होंने तुझे उड़ने का हौसला सिखाया।

क्योंकि रौशनी जितनी तेज़ होती है,
अंधेरे उतने ही गहरे साथ आते हैं।
जो खुद को थाम ले इन दोनों के बीच,
वही सच में मुकम्मल कहलाते हैं।
तेरे हौसलों की उड़ान ही तुझे और मज़बूत बनाएगी,
तू देखना– एक दिन तेरी चमक ही तुझे तुझसे मिलवाएगी।

✦✦✦

डॉ. तृप्ति शर्मा

अपनी मरज़ी के मालिक

जब माँ की आवाज़ आती थी –
“आज क्या बनाऊँ खाने में?”
हम इतराकर गिनवा देते थे
हर छोटी-सी चाह, हर मीठी-सी ज़िद।

तब ख्वाहिशें साँस लेती थीं,
और हम भी अपने हुआ करते थे।
‘ना’ कहने का साहस था,
‘हाँ’ कहने में भी अपनापन था।

अब न कोई पूछता है,
न कुछ बताने को बचा है।
ज़िम्मेदारियों की थाली में
बस समझौते परोसते रहे हम।

अपने ही हाथों
हर बार “ठीक है” कहकर
थोड़ा-थोड़ा दफ़्न किया है
अपने कल को हमने ही।

और आज जब आईने में देखते हैं,
तो चेहरा तो अपना है—

पर उसमें रहने वाला इंसान
कहीं और छूट गया है...

सबसे गहरा दुख शायद यही है –
कि हालात से हारते तो समझ आता,
पर हम तो खुद ही
अपनी ख़्वाहिशों के क़ातिल निकले।

✦✦✦

डॉ. तृप्ति शर्मा

समाज का सच

वो कमज़ोर है, अबला है, नारी है वो–
यही कहता है ये निर्बल समाज हमारा।
मान भी लेता है अपनी इस सोच को सही,
भूल जाता है उसकी सहने की ताक़त बेचारा।

बंद कर लिए हैं आँख, कान सभी ने,
ताकि सुन न सकें उसकी सिसकियों का शोर।
चुप्पी में दबा दी हर एक पुकार उसकी,
जैसे दर्द उसका हो कोई बेनाम सा दौर।

उसके मन की चाहत को बेशर्मी,
और रूह की कैद को शर्म समझ लेते हैं लोग।
देख नहीं पाते अंदर का खालीपन,
और निगाहों में पसरा गहरा वियोग।

जिस्म की प्यास, पेट की भूख–
सब उसी से तो मिटाते हैं लोग,
फिर भी उसी को ठुकरा देते हैं,
दे न पाते उसे सम्मान का एक संयोग।

जो जननी है, जो शक्ति है, जो आधार है जीवन का,
उसी को तौलते हैं कमज़ोरी के पैमानों में।
कैसा ये समाज है, कैसी ये विडंबना–
जो सिर झुकाता है देवी के चरणों में,
पर जीने नहीं देता उसे इंसानों में।

✦✦✦

डॉ. तृप्ति शर्मा

दायरों से इंकार

कहूं गुलामी इसे नहीं ज़िंदगी मेरी,
हर तूफ़ान से भिड़ने को हर दम हूँ अकेली खड़ी।
फिर काहे दुनिया कहे मोहे गुलाब की पंखुड़ी,
वो तो जाम पर जाम पी जाते हैं,
हम अश्कों के सहारे ही जी जाते हैं।

वो कहते हैं इसे कमज़ोरी हमारी,
पर जिन हालातों में वो होते हैं मदहोश,
उन हालातों को तो हम पूरे होश में जी जाते हैं।

मुझे ही क़ैद करके दायरों में शान से कहते हैं,
कर रहे हैं हिफ़ाज़त मेरी।

वो पेड़ एक ही है, फल हैं जिसके हम दोनों,
फिर क्यों तू घूमे आज़ाद और मैं लूँ हर पल इजाज़त तेरी।

एक अरसे से रहा होता यही, तू कहता रहा, मैं सहती रही।
माना बहुत है तुझमें ज़ोर,
पर दिल से तो मैं भी नहीं कमज़ोर।

वो क्यों अपनी ताक़त का बखान करते हैं,
क्या जानते नहीं वो शख़्स हम ही हैं
जो उनके हौसलों को जवान रखते हैं।

अक्सर कह देते हैं, मेरी खुशी ही है उनकी आशा,
क्या खाक खुश रहूँ जब जानते ही नहीं वो खुशी की
परिभाषा।

ये दिल कैसे मुस्कुराएगा,
जब अपने ही ख़्वाब भूल जाएगा।

उड़ान हक़ है हर परिंदे का,
कैसे उड़ पाए वो पंछी
जब घोंसला ही पिंजरा बन जाएगा।

✦✦✦

डॉ. कृतिका राज शर्मा

औरत

एक ख़ामोशी ने कहना सीखा ,

बर्फ जब पानी बनी ,तो बहना सीखा

झरने सा गिरना उसका–श्रृंगार कुदरत का,

झील सा फैलना उसका–सुकून क़ुर्बत का।

वेग से उसके पत्थर हुए शालिग्राम,

मस्ती में उसकी हवाएँ–शीतल धाम।

वो नदी है जो दायरे खुद बनाती है,

यौवन से भरी हर रंग ओढ़ लेती है परिवेश का।

उसमें ऊर्जा है, सृजन है,

वो बुझाती है प्यास भी और आग भी।

कितनी ख़ूबसूरती से वो हर राह से जाती है,

और एक दिन खारे सागर में मिल जाती है,

जहाँ मूल उसके मीठे पानी का रह नहीं जाता,

वो कितनी खूबियों का तोहफ़ा लाई है–कोई देखकर उसे कह नहीं पाता।

ये मुक़द्दर है औरत का–किसी और का होकर जीना,

एक ज़ुल्म है उसकी शख़्सियत पे,

उसे अपनी पहचान का सौदा करने से ,रोक लेना ज़रूरी है,

वरना औरत ... जन्म देती है समाज को,

पर समाज उसे उसकी पहचान से बुलाता नहीं,

कितनी आसानी से ढूँढने लगते हैं उसका नया नाम,

जैसे पुराने के साथ उसका सालों का कोई नाता नहीं।

ये शोषण है पीढ़ी-दर-पीढ़ी–कोई तो आवाज़ उठाएगी,

औरत के लिए कभी कोई औरत ही आगे आएगी,

नियम में जीना और नियति में मिट जाना–दो का भेद उसे समझाएगी,

औरत का मुद्दा है–औरत ही सुलझाएगी।

✦✦✦

डॉ. कृतिका राज शर्मा

माँ

जिस पथ को माँ प्रशस्त करे,
उस पथ पर बेटी सशक्त रहे।
माँ चाहती है उसके लिए हर खुशी वही,
जो चाही थी उसने अपने लिए कभी।

जिस चाहत को माँ पूरा करे,
उसमें फिर न कोई प्यास रहे,
माँ अन्नपूर्णा है–हर भूख मिटाती है,
माँ की हर सीख, मशाल बन जाती है।

लज्जा, लिहाज़ और लिबास–कब, कितना और कैसे;
माँ के नियम जब बेटी समझ जाती है,
तब वही माँ हौसले, आवाज़ और सामर्थ्य की उड़ान के पंख
बेटी के हिस्से लाती है।

बेटी जब उड़ान भरे, माँ का मन भी उसके साथ उड़े,
वो अपनी बेटी में फिर अपना यौवन जी जाती है,
वो माँ ही है जो बेटी को शक्ति बनाती है।

उस शक्ति से फिर हर मन मैला डरे,
रुकती नहीं वो रफ़्तार, जिसमें हौसले हों माँ ने भरे।

जिस पथ को माँ प्रशस्त करे,
उस पथ पर बेटी सशक्त रहे।

✦✦✦

डॉ. कृतिका राज शर्मा

जड़ें

बारिश की बूंदों सी निर्मल,
बहती हवा सी चंचल,
झरनों सी तीव्र रफ़्तार,
नदियों सी कल-कल आवाज़–
उसने देखा है सृष्टि को
ज़िंदगी का करते हुए श्रृंगार।

पहले बचपन, फिर यौवन,
और फिर ढलती उम्र का दौर,
जीवन के हर मोड़ पर
उसके आयाम रहे हैं कुछ और।

चाहतें बहुत थीं,
उन्हें पाने का जज़्बा भी था,
पर भूल गई वो यह सच–
कि समाज ने एक दरख़्त के
कर दिए थे दो फाड़।

जड़ें किसी को दिखीं नहीं,
कुचली गई वो बार-बार,

और समाज के हर कोने में
सजे थे दरख़्त हज़ार।

भूल गए अपनी जड़ों को,
इतराए फूल-पत्तियों पर,
होश तब आया सबको
जब पड़ी पतझड़ की सख्त मार।

जड़ें आज भी ज़िंदा हैं
कहीं गहराइयों में,
चाहती हैं फिर से रचना
एक सुंदर, हराभरा संसार–
मौका है उन कटे दरख़्तों को,
न बनें नासमझ समाज के
हाथों की तीखी तलवार,
सींचें इस नई संरचना को,
बनाएँ इसे एक पेड़ विशाल।

✦✦✦

डॉ. तृप्ति शर्मा

आत्मपथ

माटी का तू पुतला है,
तुझमें प्राण जगाए हैं,
चंद सांसें लेने को,
कुछ पल तेरे हिस्से आए हैं।

कल आए थे, कल चले जाना–
जुग-जुग से ये रीत चली है,
बंधन बाँधे फिर क्यों ,
हर पल तेरी प्रीत चली है।

इस जग में जब तू आया था,
तूने लाखों में खुद को अकेले ही पाया था,
तू रोया, सब हँसे।

ऐसे फिर चाहतों ने जाल बुने,
जितने मिले, उतने फँसे।

इन्हीं रिश्तों ने तुझे ,
तेरा लक्ष्य भुलाया है।

भूल गया तू खुद को,
तूने काया को अपनाया है।

तुझे आत्मज्ञान का बोध नहीं,
कर रहा तू कोई शोध नहीं।
पढ़ रहा जो इस ,जग ने,
तुझे पढ़ाया है,
नाप रहा जिसे ,अपने कद से,
इस जग की माया है।

भ्रमित न हो अब ये चेतना, जकड़े न वेदना,
तू राही ब्रह्मांड का, न भूमि का लगाव कर,
असीमित है उछाल तेरी, तू चले तो, एक कदम में आकाश पार कर।

✦✦✦

डॉ. कृतिका राज शर्मा

वक्त

वक़्त पर इतराने का शौक रखने वाले,
न छोड़ अपनी खुशियों को इस वक़्त के हवाले।
इसमें अदा है बिन बताए बदलने की,
ये वफ़ा का वाक़िफ़ नहीं,

ये काफ़िर है बहारों का,
ये उम्मीद पतझड़ों में लाता है।
इसे एक मौसम का होना नहीं आता,
ये रात से दिन में बदल जाता है।

बांध लेते हैं यूँ तो सब इसे कलाई पे,
पर ये किसी का ,हो कहाँ पता है।
किसी का ज़ख्म, किसी का मरहम बन जाता है।

ये उम्र का नाप है।
पीढ़ियों का चश्मदीद|
ये रफ्तार है ज़िन्दगी की,
ये मिसाल नहीं बंदगी की"

इसके सहारे बैठने वाला ,

इसी का शिकार हो जाएगा ,
जो थाम ले इसे, वो कृष्ण ,
क्या तुम में जाग पाएगा ।"

✦✦✦

डॉ. कृतिका राज शर्मा

मेरा परिचय

मैं उस बहार की कली हूँ,
जिसे पतझड़ ने लूटा है,
ख़्वाब सजने वाली उम्र में, हर ख़्वाब इस दिल का टूटा है।

देखा है इन निगाहों ने आते हुए तूफ़ानों को,
यूँ ही अश्कों में बहते हुए अरमानों को।

अभी-अभी तो महक रहा था वो उपवन,
चंद लम्हों ने तन्हा छोड़ दिया।

उठ गए वो हाथ सिर से,
तन्हाई के संग नाता जोड़ दिया।

उड़ता हुआ ये धुआँ चिता से,
अभी खिलते हुए रंग थे।

श्मशानों के ये नए मेहमान,
अभी-अभी तो मेरे संग थे।

ख़ौफ़ उठ गया है मौत का,
ज़िंदगी से ,महरूम सा हो गया है दिल, दिल्लगी से।

रूबरू सी हो गई है हक़ीक़त की,
लम्हों के जुड़ने से ज़िंदगी नहीं बनती।

ज़िंदगी तो हर एक लम्हा है।

✦✦✦

डॉ. कृतिका राज शर्मा

इश्क़ की सिल्वर जुबली

फिर याद आ गया 25 साल पुराना इश्क
का अपना ज़माना
WhatsApp, Facebook से परे
Text, Call से दूर
वो चिट्ठियों वाला प्यार
आज फिर उन्हीं खेतों तक रह जाना चाहता हूँ

बाबू, शोना, डॉल छोड़कर
फिर तुम्हें 'मेरी जान' कहकर पुकारना चाहता हूँ

अचानक से मेरे सामने आ जाने की खुशी
तुम्हारी आँखों से बहते अश्कों में देखना चाहता हूँ

सबसे छुपकर गले लगाना और तेरा यहाँ-वहाँ
देखकर घबरा जाना
हाँ, मैं आज भी मोहब्बत वही पुराने ज़माने वाली चाहता हूँ

वो 25 साल पुराना इश्क फिर तुम्हारे साथ ही दोहराना
चाहता हूँ......

✦✦✦

डॉ. तृप्ति शर्मा

समापन

इस सफर में जो कुछ भी था–
इश्क़, इंतज़ार, खामोशियाँ, सवाल और जवाब...
वो सिर्फ कहानियाँ नहीं थीं,
वो हम थे–हमारे हिस्से, हमारे एहसास।

कुछ रिश्ते मुकम्मल हुए,
कुछ अधूरे रह गए–
पर हर एक ने हमें थोड़ा और "हम" बना दिया।

अब जब ये पन्ने खत्म होते हैं,
सफर खत्म नहीं होता–
क्योंकि असली कहानी
हमेशा किताबों से बाहर जी जाती है।

अगर इन लफ़्ज़ों में
आपको अपना कोई हिस्सा मिला हो–
तो समझिए, ये किताब अपनी मंज़िल तक पहुँच गई।

✦✦✦✦✦✦✦✦✦✦✦✦✦✦✦✦✦✦✦✦